글·그림 물보라(이정은)
펴낸이 정규도
펴낸곳 (주)다락원

초판 1쇄 발행 2025년 6월 1일

편집 박소영
디자인 지완

🏠다락원 경기도 파주시 문발로 211
내용문의 (02)736-2031(내선 275)
구입문의 (02)736-2031(내선 250~252)
Fax (02)732-2037
출판등록 1977년 9월 16일 제406-2008-000007호

Copyright © 2025, 물보라(이정은)

저자 및 출판사의 허락 없이 이 책의 일부 또는 전부를 무단 복제·전재·발췌할 수 없습니다. 구입 후 철회는 회사 내규에 부합하는 경우에 가능하므로 구입문의처에 문의하시기 바랍니다. 분실·파손 등에 따른 소비자 피해에 대해서는 공정거래위원회에서 고시한 소비자 분쟁 해결 기준에 따라 보상 가능합니다. 잘못된 책은 바꿔 드립니다.

ISBN 978-89-277-4820-5 73180

http://www.darakwon.co.kr
다락원 홈페이지를 통해 인터넷 주문을 하시면 자세한 정보와 함께 다양한 혜택을 받으실 수 있습니다.

머리말

"넌 참 예민하구나."

"정은이는 감수성이 풍부해."

어렸을 때 자주 듣던 말입니다. 자연스럽게 저도 저를 '예민한 아이'로 여겼죠. 주변인들은 이 '예민함'을 성가신 특성으로 여겼습니다. 마음이 다치지 않도록 신경을 써 줘야 하기 때문에요.

무섭게도 어른이 되고 나니 이 태도는 저에게도 스며 있었습니다. 작은 일에도 불안을 느낄 때 저는 스스로를 성가시다고 생각했습니다. "왜 이런 일 가지고 불안해해?"라며 다그치고 무시하는 일도 다반사였습니다.

이런 태도는 결국 화를 불렀습니다. 쌓인 감정은 결국 번아웃으로 이어졌고, 마음의 건강이 무너져 내렸지요. 산타클라라 대학교 상담 심리학 교수이자 명상 전문가인 샤우나 샤피로는 마음 챙김에 '호의'와 '호기심'이 중요하다고 말합니다. 감정을 다정히 바라보는 태도가 필요하다는 것이죠. 번아웃을 겪으며 저는 결심했어요. 어떤 감정이든 이런 따뜻한 시선으로 돌보겠다고요. 그래서 이 책의 제안이 기뻤습니다. 어릴 적 저에게 아무도 가르쳐주지 않았던 '호의'와 '호기심'의 태도를 전할 수 있다면, 그것만으로도 제 삶의 중요한 사명 하나를 이루었다는 생각이 들었습니다.

저는 세상의 모든 '예민한' 아이들이 스스로를 성가셔하지 않기를 바랍니다. 결국 예민하기에 우리는 슬픔도 행복도 더 깊이 느낄 수 있으니까요. 이 책을 통해 어린이들이 다양한 감정을 다정하게 돌보고, '예민함'을 축복으로 받아들이며 멋지고 씩씩하게 삶을 살아 나가길 바랍니다.

물보라(이정은)

캐릭터 소개

울리

난 **불안** 속에서 태어난 **눈물방울**이야. 생각도 눈물도 많지만, 깊은 불안 속에서 **더 깊은 평온**을 찾고는 해.

뜨리

나는 **평온** 속에서 태어난 **작은 구름**이야. **가벼운 발걸음**, **여유로운 바람** 속에서 만날 수 있지. 하지만 가끔은 비를 품기도 해.

하리

나는 **에너지** 속에서 태어난 반짝이는 **별 조각**이야. 넘치는 기운과 **신나는 아이디어** 속에 있지. 하지만 에너지가 많아 화를 내기도 해.

나리

나는 **감사** 속에서 태어난 **작은 꽃**이야. **따뜻한 손길과 깊은 사랑** 속에서 피어나. 주변에 **기쁨과 애정**을 퍼트리는 게 좋아.

차례

머리말 … 4

캐릭터 소개 … 5

1 무서움
불안하다 … 10

두렵다 … 16

마음 챙김 활동법_무서움 편 … 22

2 기쁨
설레다 … 26

후련하다 … 32

마음 챙김 활동법_기쁨 편 … 38

3 슬픔
서운하다 … 42

우울하다 … 48

마음 챙김 활동법_슬픔 편 … 54

4 분노
억울하다 … 58

심술이 나다 … 64

마음 챙김 활동법_분노 편 … 70

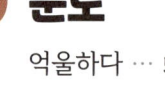
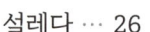

❺ 놀라움

감동하다 … 74
당황하다 … 80

마음 챙김 활동법_놀라움 편 … 86

❻ 혐오

얄밉다 … 90
거북하다 … 96

마음 챙김 활동법_혐오 편 … 102

❼ 더 복잡한 감정들

미안하다 … 106
답답하다 … 112
의기소침하다 … 118

마음 챙김 활동법_더 복잡한 감정들 편 … 124

부록

감정 캘린더 … 129
마음 챙김 감정 카드 … 153

불안하다

🔍 감정 탐구하기

발표하다가 실수할 것 같을 때

엄마가 아끼는 그릇을 깨뜨렸을 때

시험 보기 5분 전에 그 떨림을 이렇게 표현해.

불안하다

실수하면 어떡해.
집중할 수가 없잖아.
혼나면 어떡해.
속이 울렁거려.

생각들은 팝콘처럼 튀어 오르고,
땀이 나면서 심장이 빨리 뛰어.

💮 감정과 친해지기

⚡ 감정 해소하기

이제 잠시 호흡하며 진정해 봐.

4초간 들이쉬고,

1…2…3…4…5…6…7…

7초간 멈추고,

8초간 천천히 내쉬어 봐.
그리고 내쉬는 숨에 불안이 나를 빠져나간다고 상상해 봐.

편안해질 때까지 몇 번이든 반복해도 좋아!

불안하다

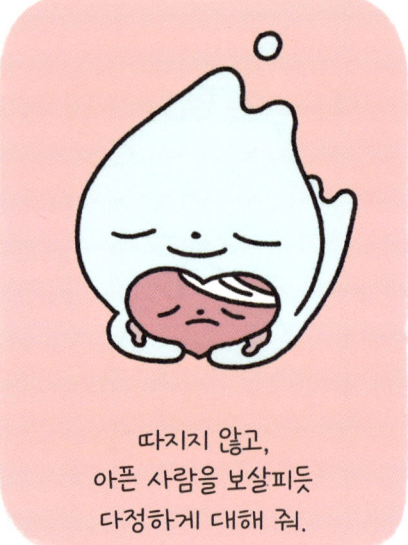
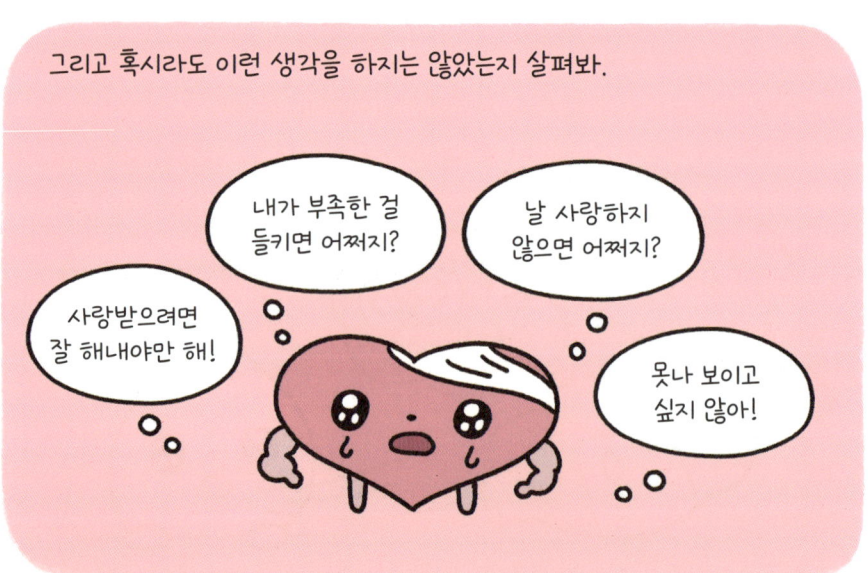

5단계 돌봐주기

이후에 나이가 들어 지혜롭고 현명해진 나를 상상해 봐.

아니면 내가 존경하는 현명한 사람을 떠올려도 좋아.

이 존재가 불안한 나를 끌어안으면서 지금 내게 꼭 필요한 말을 해 준다고 상상해 봐.

누구나 실수할 수 있어!

어떤 모습이든 넌 사랑받을 가치가 충분해.

조금 못해도, 부족해도 괜찮아.

불안감은 사라지고 평안과 사랑이 차오르도록 말이야.

불안하다

두렵다

🔍 감정 탐구하기

💗 감정과 친해지기

⚡ 감정 해소하기

먼저 편안하게 앉아서
숨을 후- 하고 내뱉어 봐.

마음이 진정될 때까지
4초 들이쉬고, 4초 내쉬어 보자.

잠시 거울 앞에서
따스하게 말해 줘.

많이 두려웠지?
충분히
그럴 수 있어.

울어도 괜찮아.
눈물이 두려움을 흘려보내 줄 거야.

어쩌면 친구들도 낯설고 어색해서 다가오지 못했을 수 있어.

내가 두려울 수 있듯이 친구들도 그럴 수 있다고 이해해 보자.

사람들이 너를 어떻게 보든 너는 언제나 소중한 사람이란다.

더 이상 두려워할 필요 없어. 스스로 자신을 돌봐 줄 수 있을 때 관계도 더욱 건강해질 테니까!

마음 챙김 활동법 무서움 편

① 내가 무섭거나 불안했던 순간에 V표시해 보고, 빈칸에 직접 써 봐도 좋아.

- ○ 발표할 때 손에 땀이 난 적이 있어.
- ○ 혼자 잘 때 무섭거나 불안했던 적이 있어.
- ○ 시험 볼 때 또는 긴장했을 때 배가 아팠던 적이 있어.
- ○ 실수하고 나서 혼날까 봐 무서웠던 적이 있어.
- ○ _____

💡 V 표시한 상황을 돌이켜 보면 내 감정을 더 잘 이해할 수 있어.

② 두려울 때 내 몸은 어떻게 반응할까? 느껴졌던 감각에 ○표시해 보자.

손에 땀이 나.   심장이 빨리 뛰어.   배가 아파.   다리가 떨려.

💡 몸이 보내는 신호를 알아차리면 내 감정을 더 잘 다룰 수 있어.

모든 감정은 소중해!

③ 불안할 때는 손바닥 호흡을 해 보자. 손가락을 접으면서 숨을 쉬어 봐.

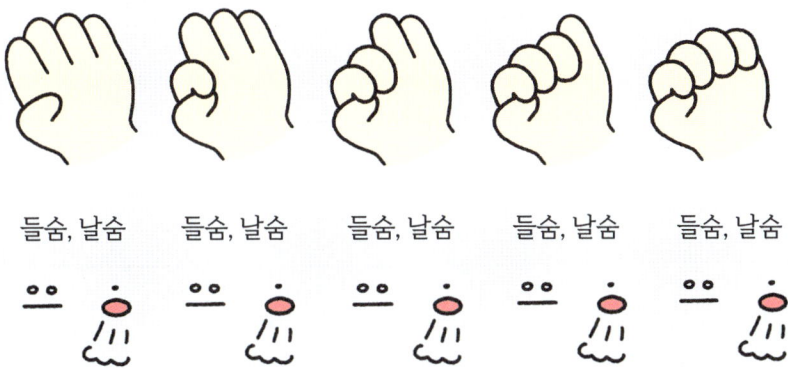

💡 긴장될 때 이렇게 숨을 천천히 쉬다 보면 조금씩 진정될 거야.

④ 불안과 두려움을 작아지게 하는 안심 주머니를 만들어 보자.

💡 불안할 때마다 날 안정시킬 말을 적어 보고, 필요할 때마다 꺼내 보자.

마음 챙김 활동법 : 무서움 편

설레다

🔍 감정 **탐구하기**

놀이동산 가기 전날 밤의 기분을

생일 선물을 뜯어보기 직전에 들떠서 기대감으로 가득 찬 마음을

좋아하는 아이를 마주쳤을 때 그 두근거림을

설레다 라고 해.

심장 박동이 빨라지면서 소리 지르고 싶은 기분이 들지.

💗 감정과 **친해지기**

설레는 마음은 마냥 좋은 감정 같지만

내일 뭐 입지?
뭐 하고 놀까?
그 친구를 만나면….

설레는 마음이 커지면 생각이 많아지고

몸이 흥분 상태가 되어 잠이 안 오기도 하지.

2:00AM

설렘을 온전히 느끼면서도

몸과 마음의 균형을 잡는 법을 배운다면

우리는 설레는 순간을

더 행복한 기억으로 간직할 수 있을지 몰라.

♥ 감정 해소하기

게다가 이 작은 설렘을 음미하는 법을 배운다면

설렘을 음미하는 과정 속에서 더 큰 따스함을 느낄 수 있단다.

1단계 편안해지기

1...2...3...4...
잠시 4초간 들이쉬고,

1...2...3...4...
4초간 멈추고,

4초간 내쉬어 봐.

마치 지나가는 구름을 알아차리듯 생각을 알아차리는 것만으로도

생각은 자연스럽게 잦아들 수 있어!

3단계 감사하기

이제 가슴에 손을 얹고

이 설렘을 선물한 상황과 사람에게 감사해 보자.

놀이동산에 가게 ... 부모님께 감사해요
좋아하는 아이 ... 실에 감사해요
생일선물 ... 해요

천천히 심호흡하는 것도 잊지 마!

후련하다

🔍 감정 탐구하기

💮 감정과 친해지기

후련함은 단순히
가벼운 느낌 같지만

가슴이 꽉 막힌 듯한
답답함이 사라지면서

우리 마음에 여유 공간을
만들어 주는 감정이란다.

나와 다른 사람의 감정도
너그러이 받아들이면서

하루를 새로운 감정들로
채울 수 있는 기회지.

💗 감정 해소하기

1단계 편안해지기

잠시 가슴에 양손을 얹고
숨을 깊이 들이마셨다가

후- 소리 내며 내쉬어 봐.
답답함을 모두 내보내면
마음이 한결 편안해질 거야.

2단계 춤추기

이제 재미있어질 시간이야.
좋아하는 음악을 틀고

훌훌 날아갈 것 같은 후련함을
몸으로 마음껏 표현해 봐.

두근거리는 심장, 몸의 움직임에
감각을 집중해 보는 거야.

3단계 **진정하기**

아마 가슴이 두근두근할 거야.
잠시 바닥에 편히 누워 봐.

4초 깊이 들이쉬고,
4초 깊이 내쉬는 거야.

후련함을 온몸으로 느끼고 나면
진정하는 데 도움이 될 거야.

4단계 **감사하기**

사과하니 후련해.
시험이 끝나서 후련해.
다 털어놔서 후련해.

그리고 지금 느껴지는 이 후련함에
감사하는 마음을 가져 보자.

이 따스한 마음과 함께라면
더 행복한 하루가 될 거야!

마음 챙김 활동법 기쁨 편

⭐ **1** 나의 설렘은 어떤 색일까? 감정을 담아 색으로 표현해 보자.

💡 색을 통해 감정을 표현하면 감정을 더 생생하게 느낄 수 있어.

⭐ **2** 내가 설렜던 순간을 생각해 보고, 나비의 날개에 적어 보자.

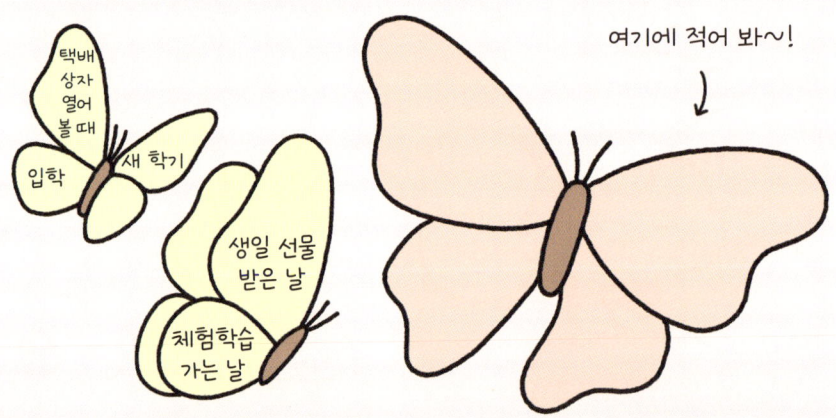

여기에 적어 봐~!

💡 나비가 설렘을 안고 날아가듯 내 감정도 점점 더 커질 수 있어.

모든 감정은 소중해!

3 후련하게 상상 속의 풍선을 불어서 내 답답한 마음을 시원하게 날려 보자.

① 먼저 가슴 깊이 숨을 크게 들이마셔.

② 답답했던 순간을 떠올리며 풍선을 불듯 내쉬어 봐.

③ 상상 속 풍선을 높이 떠올려 봐.

💡 답답한 마음을 내보내고 가볍게 떠오르는 마음을 느껴 보자.

4 후련한 마음을 온몸으로 표현해 보자.

① 어깨를 으쓱하며 '두둠칫' 리듬을 타 보자.

② 다리를 흔들며 '후~' 하고 감정을 털어 버리자.

③ 손뼉을 치며 후련함을 느껴 보자.

이야~ 다 끝났어.

가벼워지는 느낌이야!

💡 동작을 따라 해 봐. 몸과 마음이 훨씬 더 가벼워질 거야.

서운하다

🔍 **감정 탐구하기**

💠 감정과 친해지기

서운하다

🌢 감정 해소하기

1단계 편안해지기

잠시 엉덩이를 대고 앉아 허리를 곧게 펴자.

어깨와 귀가 멀어진다는 느낌으로 힘을 빼 봐.

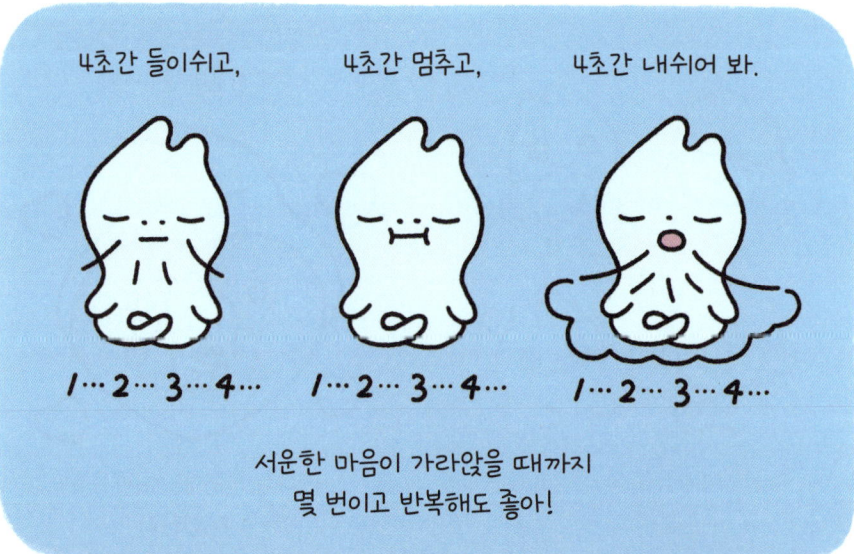

4초간 들이쉬고,   4초간 멈추고,   4초간 내쉬어 봐.

1···2···3···4···   1···2···3···4···   1···2···3···4···

서운한 마음이 가라앉을 때까지 몇 번이고 반복해도 좋아!

2단계 감정 허락하기

이제 가슴에 손을 얹어 봐.

나를 사랑하는 친구의 시선으로

서운해하는 자신을 다정히 바라봐 봐.

그리고 나를 꼭 끌어안는다고 상상하면서 이렇게 말해 주는 거야.

서운해도 괜찮아.
네 잘못이 아니야.

많이 서운했지?
충분히 그럴 만해!

울어도 괜찮아.
그럴 수 있지.

우울하다

🔍 감정 탐구하기

💠 감정과 친해지기

우울함은 마음의 비와 같아.
누구나 겪을 수 있는 감정이야.

우울하다고 잘못된 게 아니야.
나를 돌봐 달라고 알려 주는
자연스러운 마음의 신호란다.

"나 아파….
좀 돌봐 줄래?"

우울할 때일수록
뭔가를 급히 결정하고
단정 짓기보다는

"난 끔찍한
사람이야."

차분히 내 마음을
사랑으로 돌보다 보면
더 깊은 평안을 맞이할 거야.

우울함을 모른 척하거나 억누르면 마음이 더 힘들어질 수 있어.

오히려 우울한 마음을 알아주고, 우울함마저 따뜻하게 안아 줄 때

괜찮아~!

우울했어.

우리 마음은 조금씩 평안을 되찾을 수 있단다.

그리고 그 과정 속에서 우리 마음은 더 튼튼해질 거야.

감정 해소하기

우선 잠시 몸을 일으켜 자리에 앉아 봐.

숨을 4초간 들이쉬고, 4초 내쉬면서 주변을 바라봐 봐.

그리고 잠시 걸어 다니며 가볍게 스트레칭을 해 보자.

손을 어깨 위로 높이 올려서 무거운 마음을 날려 보내 봐.

마음 챙김 활동법 슬픔편

1 내 마음이 서운한 만큼 눈물을 색칠해 보자. 서운할수록 더 많이 색칠하면 돼.

💡 감정을 시각적으로 표현하면 마음이 더 가벼워질 수 있어.

2 서운할 때 내 마음을 다독여 줄 응원의 편지야. 내 마음에 쓴 편지를 소리 내어 읽어 보자.

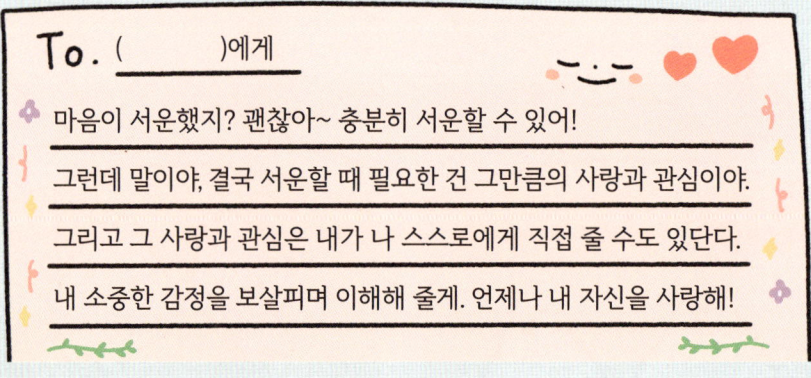

To. (　　　)에게

마음이 서운했지? 괜찮아~ 충분히 서운할 수 있어!

그런데 말이야, 결국 서운할 때 필요한 건 그만큼의 사랑과 관심이야.

그리고 그 사랑과 관심은 내가 나 스스로에게 직접 줄 수도 있단다.

내 소중한 감정을 보살피며 이해해 줄게. 언제나 내 자신을 사랑해!

💡 스스로와 하는 대화가 가장 중요해. 나를 적극적으로 위로해 줘.

모든 감정은 소중해!

③ 나만의 마음속 햇빛 안에 기분 좋아지는 것들을 적어 보자.

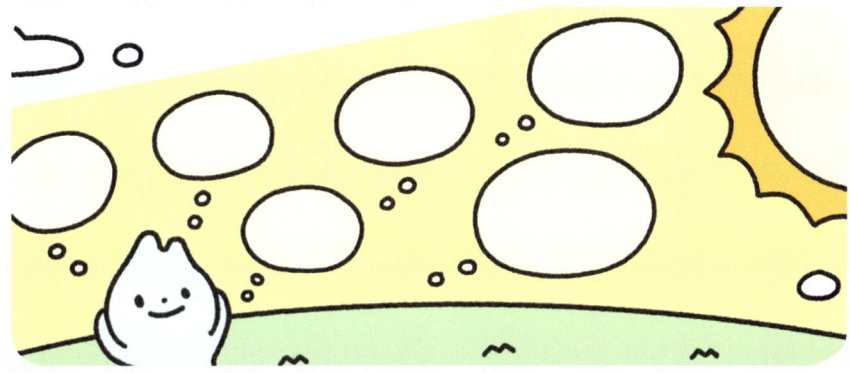

💡 내 마음속 햇빛을 키워 봐. 우울할 때 내 마음을 보살펴 줄 거야.

④ 우울할 때 아래의 작은 행동 카드를 골라서 따라 해 보자.

좋아하는 노래의 리듬에 맞춰 흔들흔들 움직이기

좋아하는 간식 먹으면서 기분 전환하기

하늘을 보면서 5번 깊이 숨쉬기

💡 마음에 드는 카드 하나를 골라서 따라 해 봐. 작은 행동이 기분을 바꿀 수 있어.

마음 챙김 활동법 : 슬픔 편

억울하다

🔍 감정 탐구하기

💮 감정과 **친해지기**

억울하다

🌱 감정 **해소하기**

그리고 억울할 때는 '왜 나만!'이라는 생각에 집중하게 되는데

사실 억울할 때일수록 친구나 선생님 입장도 생각해 보는 게 중요해!

흠...

서로 오해할 때가 많으니까 말이지.

1단계 편안해지기

우선 가슴에 손을 얹고 숨을 깊게 쉬어 보자.

4초간 들이쉬고, 4초 내쉬어 봐. 눈물이 나면 울어도 괜찮아.

심술이 나다

🔍 **감정 탐구하기**

💟 감정과 친해지기

심술이 나다

심술은 단순히 짜증 나고 화가 나면서 날 힘들게 하는 것 같지만

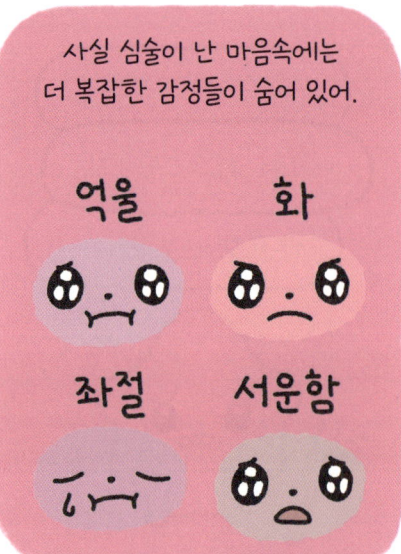

사실 심술이 난 마음속에는 더 복잡한 감정들이 숨어 있어.

억울   화
좌절   서운함

결국에는 사람들이 내 뜻대로 행동하지 않을 때, 상황이 내 마음 같지 않을 때,

내가 원하는 대로 되지 않아서 뿔이 난 마음이란다.

🌱 감정 해소하기

심술이 꼭 나쁜 감정만은 아니야.
내가 원하는 걸 알려 주는
소중한 감정임을 꼭 기억해 줘!

심술을 잘 돌봐 준다면
내 욕구를 더 잘 이해하면서도
더욱 현명해질 거야.

1단계 편안해지기

가장 먼저 가슴에 손을 얹고
4초 들이쉬고, 내쉬어 보자.

눈물이 난다면 울어도 좋아.
감정을 내보내는 데
도움이 될 거야.

그리고 스스로에게 물어보자.
"왜 심술이 났을까?"

억울하고 불공평해서 심술이 났어.
나도 상을 타고 싶었단 말이야!
친구가 미웠어….

이제 자리에서 일어나
손과 다리를 탈탈 털어 봐.

몸을 시원하게 털어 내면서
심술 난 마음도
시원하게 털어 내 봐.

4단계 할수있는것 알기

마지막으로 나에게 말해 줘.
세상엔 다양한 사람과
다양한 상황이 있고

누군가의 행동이나 삶의 상황은
항상 내 뜻대로 될 수만은 없다고.

하지만 내가 느끼는 감정은
내 뜻대로 돌볼 수 있고,
천천히 편안해질 수 있어.

이렇게 어쩔 수 없는 것들을
내려놓고, 내가 할 수 있는
것들에 집중하다 보면
어느새 마음은 평안해질 거야.

다시 시작하자~!

마음 챙김 활동법 분노 편

1 내 억울한 마음의 온도는 몇 도일까? 억울한 이유를 생각해 보고, 색칠해 보자.

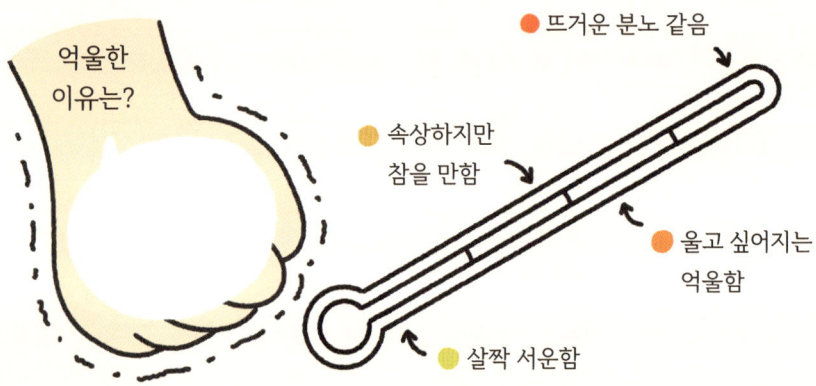

💡 감정을 색으로 표현하고 알아차리면 훨씬 다루기 쉬워질 거야.

2 에잇! 억울함 털어 버리기 동작을 해 보자.

① 팔과 다리를 탈탈. 시원하게 흔들자!
② 양발을 쿵쿵. 시원하게 굴러 보자!
③ '으악~!' 하고 크고 시원하게 소리 질러 보자.

💡 몸이 보내는 신호를 알아차리면 내 감정을 더 잘 다룰 수 있어.

모든 감정은 소중해!

3 화를 가라앉히는 손끝 터치 활동을 해 보자.

1	2	3	4
검지와 엄지 맞대고 4초 숨쉬기	중지와 엄지 맞대고 4초 숨쉬기	약지와 엄지 맞대고 4초 숨쉬기	소지와 엄지 맞대고 4초 숨쉬기

💡 손끝을 터치하면 몸이 안정되고, 감정도 차분해져.

4 내 마음속의 심술 괴물은 어떤 모습일까? 또 어떤 색일까?

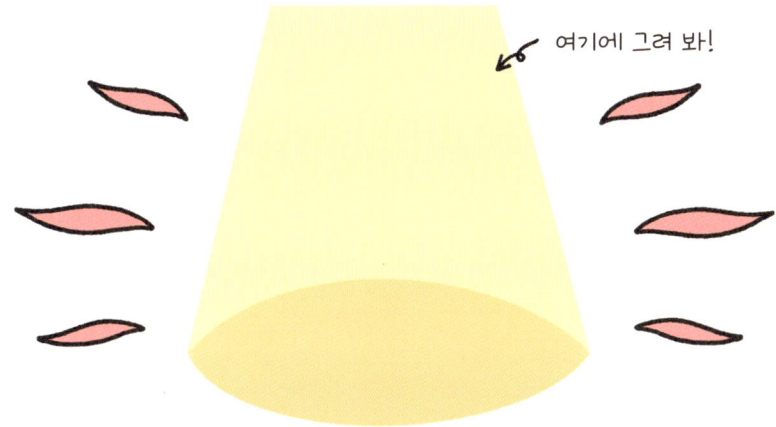

여기에 그려 봐!

💡 심술 괴물에게 이렇게 말해 주자. "네가 왜 화가 났는지 알지만, 날 휘두를 순 없어!"

마음 챙김 활동법 : 분노 편

5 놀라움

감동하다

🔍 감정 탐구하기

감정과 친해지기

감동하다

감동은 단순히 기쁜 마음을 넘어 누군가의 진심과 연결되었을 때

누군가가 나를 사랑하고, 아껴 주는 마음이 깊이 닿을 때 느껴진단다.

서로 강하게 연결된 느낌이 들고, 따뜻한 온기가 느껴지면서

세상에 날 사랑하는 사람들이 있다는 걸 알려 주는 고마운 감정이야.

😊 감정 해소하기

이 감동을 깊이 느끼고 기억한다면 앞으로 일상을 살아가는 데 큰 힘이 되어 줄 거야.

그리고 더 나아가 나도 주변 사람들에게 사랑과 감사를 표현할 기회가 되어 준단다.

고마워! 사랑해!

1단계 깊이 느끼기

먼저 가슴에 손을 얹고 4초 들이쉬고, 내쉬어 봐.

따스함을 깊이 들이마시고 감사한 마음을 내쉬어 보자.

감동하다

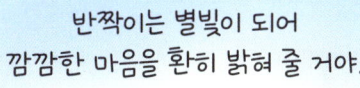

당황하다

🌸 **감정 탐구하기**

💟 감정과 친해지기

당황하다

😊 감정 해소하기

잠시 자리에 앉아서 천천히 4초씩 들이쉬고, 내쉬어 봐.

당황해서 두근거리는 가슴이 가라앉을 때까지 반복해도 좋아.

이제 나에게 가장 친한 친구처럼 따뜻한 말을 해 주는 거야.

이런 말들로 당황한 마음을 꼭 끌어안아 줘.

내가 차분할 때 다른 사람도 이해해 줄 마음의 여유가 생길 거야.

마지막으로 당황했던 일을 교훈 삼아서 더 좋은 습관을 만들어 보자.

이렇게 당황한 마음을 돌보고 실수를 용서하는 과정 속에서 더 건강한 내가 될 수 있을 거야.

당황하다

마음 챙김 활동법 놀라움 편

1 나만의 감동 보물 상자 안에 감동했던 순간을 담아 보자.

💡 감동을 기록해 두면 더 오래 간직할 수 있어.

2 아름다운 꽃잎에 감동했던 순간의 색을 칠해 보자.

💡 감동을 색으로 표현하면 감정을 더 깊이 느낄 수 있어.

③ 당황했을 때 '멈춤'과 '재생' 버튼을 눌러 보며 감정을 조절해 보자.

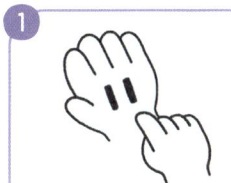

①
손바닥에 '멈춤' 버튼이 있다고 상상하고 버튼을 눌러 보자.

②
잠시 숨을 깊이 들이쉬고, 내쉬어 보자.

③
손바닥에 '재생' 버튼이 있다고 상상하고 버튼을 눌러 보자.

💡 당황한 순간에는 잠깐 멈추었다가 다시 시작하면 차분해질 거야.

④ 퍼즐 조각 안에 당황의 조각들을 적어 보자.

언제, 왜 당황했니?

그때 몸에서 느껴지는 반응은 어땠어?
예) 가슴이 쿵 내려앉았어.

어떤 생각이 들었어?
예) 이게 아닌데…? 어떡하지?

💡 당황했던 조각들을 맞추다 보면 복잡한 머릿속이 정리되고, 하나씩 해결해 나갈 수 있을 거야.

마음 챙김 활동법 : 놀라움 편 87

얄밉다

🔍 감정 탐구하기

💚 감정과 **친해지기**

단순히 짜증 나는 감정 같지만 잘 돌봐 주지 않으면 더 큰 화로 이어질 수 있어.

또 얄미운 마음을 깊이 살펴보면 결국 내가 무엇을 원하는지

이겼다…!

나에게 중요한 건 무엇인지 깨달을 수 있단다.

난 이겨야 해!
난 잘해야 해!

더 깊이 살펴보면 삶을 평온히 살아가는 지혜까지 얻을 수 있지.

가끔은 질 수도 있지.
조금 못해도 괜찮아.

✪ 감정 해소하기

먼저 숨을 4초씩 들이쉬고, 내쉬면서 마음을 가라앉혀 보자.

내쉬는 숨에 얄미운 감정이 몸에서 빠져나간다고 상상해 봐.

얄밉고 짜증 나겠지만 상대방의 감정도 이해해 보자.

이해하는 것만으로도 얄미움이 덜어질 거야.

거북하다

🔍 감정 탐구하기

💚 감정과 친해지기

표정 좀 봐!
나를 완전히 무시하잖아?

나도 싫은 건
마찬가지인데….

손끝, 발끝이 차가워지고
어깨가 뻣뻣해지면서
가슴이 답답한 이 느낌.

또 소화가 잘 안 되는 것처럼
속이 메슥거리는 이 느낌을

이렇게 표현할 수 있어.

거북하다

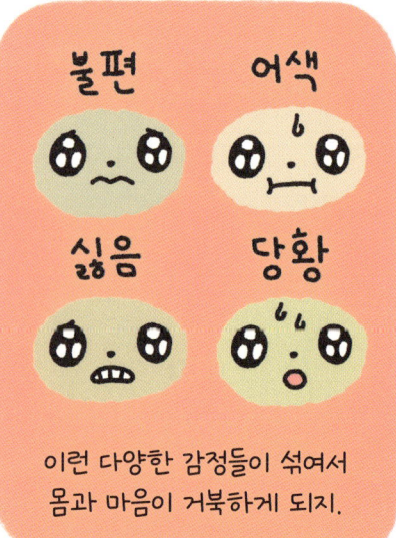

단순히 싫은 감정 같지만 이 거북함은 아주 중요한 신호야!

삐——익!

다양한 관계 속에서 나는 무엇이 불편한지 알려 주거든.

이와 반대로 나는 어디까지가 편안한지도 알 수 있어.

결국 거북할 때 표현을 잘 한다면 건강하고 편안한 관계를 만들 수 있지.

내게 안전한 감정의 선은 여기까지야!

✪ 감정 해소하기

1단계 편안해지기

먼저 숨을 4초씩 들이쉬고, 내쉬면서 불편한 마음을 가라앉혀 보자.

손으로 배를 동그랗게 쓰다듬으며 거북한 속을 진정시켜 봐.

2단계 마음 들여다보기

그리고 스스로에게 물어보자. "지금 거북한 이유는 뭘까?"

친구 생각이 신경 쓰여서일 수도, 싸운 일이 떠올라서일 수도 있어.

하지만 다 괜찮다고 안심시켜 줘.

마음 챙김 활동법 혐오 편

⭐ 얄미움을 극복한 거울 속 내 얼굴은 어떤 모습일까?

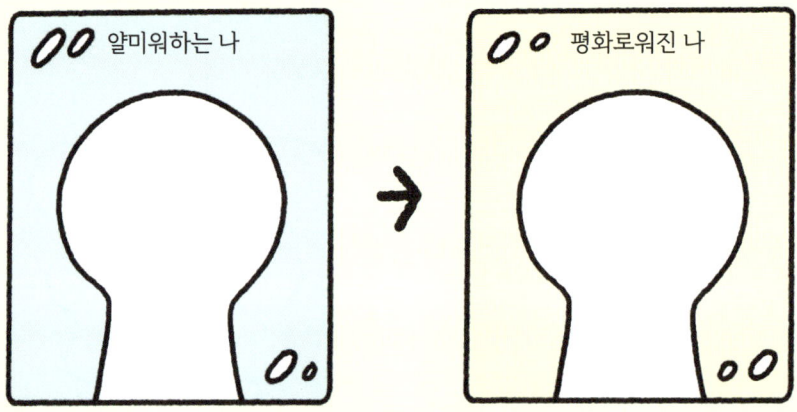

💡 표정을 바꾸면 감정도 부드러워질 수 있어.

⭐ 얄미웠던 상황을 풍선 속에 적고, 톡 터트린다고 상상해 보자.

💡 얄미운 감정을 눈에 보이게 적고, 터트리는 것만으로도 감정은 해소될 수 있어.

3 거북한 감정이 내 몸 어디에서 느껴질까? 느껴지는 상태에 V 표시해 보자.

○ 머리　　○ 배　　○ 가슴

💡 감정에 따라 몸에 느껴지는 감각을 인식하면 감정을 더 잘 이해할 수 있어.

4 거북한 감정이 올라왔을 때 부드러운 선을 따라 편안한 얼굴을 그려 보자.

💡 부드러운 선을 따라 그리면 내 마음도 점차 부드러워질 거야.

마음 챙김 활동법 : 혐오 편

7. 더 복잡한 감정들

미안하다

🔍 감정 탐구하기

💮 감정과 **친해지기**

미안함은 내 잘못으로 누군가 상처를 받았다고 느낄 때 생기는 감정이야.

어떻게 나한테 이래!

내가 더 잘했어야 했는데 그만큼 못했다고 느낄 때, 실수했다고 느낄 때 생기지.

사실 미안한 마음 속에는 상대를 소중하게 여기는 마음도 담겨 있어.

그래서 미안함은 결국 관계를 소중히 여기는 마음, 더 잘 지내고 싶은 마음이야.

미안함은 불편한 감정 같지만 반성하고 더 나아질 기회를 줘.

앞으로 그러지 말아야지!

좀 더 신경 써야지!

내 행동이 상대방에게 상처를 줄 수 있음을 알게 되면서 책임감이 생기고

행동을 조심하자!

상처 주지 않겠어!

그렇게 책임감을 가지고 상대의 입장에서 생각해 보면 더 배려 깊은 사람이 될 수 있지.

마지막으로 상대에게 미안한 마음을 잘 전달한다면 더 좋은 관계가 될 수 있단다.

미안하다

감정 해소하기

먼저 두근거리는 가슴에 손을 얹고 4초 깊이 들이쉬고, 내쉬어 봐.

깊이 내쉬는 숨에 놀란 마음을 진정시켜 보자.

그리고 무엇이 잘못됐는지, 어떤 실수를 했는지 돌아보자.

내가 부족했던 부분을 깨닫고 나면 다음번에 같은 일이 반복되는 것을 막을 수 있을 거야.

답답하다

🌸 감정 탐구하기

💮 감정과 친해지기

이렇게 상대의 속마음을 알 수 없을 때

아무리 대화해도 말이 잘 통하지 않을 때

머릿속이 복잡한 생각으로 가득하고, 가슴이 꽉 막힌 느낌이 들 때

나도 모르게 가슴을 치고 하고,

버럭 화를 내게 되기도 하면서

꽉 막힌 듯 갑갑하고도 화나는 이 복잡한 마음을 이렇게 표현해.

답답하다

답답하다

답답함은 이렇듯
내가 알고 싶은 걸 알지 못할 때
문제가 해결되지 않았을 때
느껴지는 감정이야.

친구 관계에서도 마찬가지야.
상대방의 속마음을 잘 모를 때
답답하기 마련이지.

도대체 무슨 생각이지?

답답함은 우릴 힘들게 하지만
사실 우리에게 무엇이 중요한지
알려 주는 신호야.

결국 답답함 속에는
상대와 잘 지내고 싶은 마음,
문제를 해결하고 싶은 마음,
뜻대로 하고 싶은 마음이 있지.

또 답답함 속에는 이런 복잡한 감정들이 섞여 있어.

좌절 **불안**

불편 **혼란**

그래서 잘 돌봐 주지 않으면 나도 모르게 화를 내거나 상대에게 상처를 줄 수도 있지.

말을 하라고!!

하지만 잘 돌봐 준다면 답답했던 관계나 상황을 개선할 마음의 힘을 키울 수 있으니

그랬구나~!
꿈에도 몰랐어.
말해 줘서
고마워!

답답한 마음에서 빨리 벗어나려 하기보다는 천천히 다정한 마음으로 돌봐 주자.

답답하다

6 감정 해소하기

의기소침하다

🔍 감정 탐구하기

💠 감정과 친해지기

의기소침한 마음은 상황이 내 마음 같지 않을 때 실망하는 마음이야.	내 노력과 정성에 비해 반응이 덤덤할 때 열심히 노력한 일에서 결과가 좋지 않을 때처럼 말이야.
하지만 의기소침함은 단순히 날 힘들게만 하는 감정은 아니야. 내가 원했던 걸 알려 주기도 하고 "울리야, 고마워. 카드 너무 예쁘다!" "역시 하리가 좋아할 줄 알았어!"	의기소침한 마음 끝에 오히려 더 노력하려는 마음을 갖게 되기도 하니까.

하지만 이런 생각으로 이어질 때는 주의해야 해.

모두 다 내 탓이야!!

왜냐하면 나와 관련 없는 이유나 그 사람만의 상황 또는 사정이 있을 수도 있거든.

그럴 때는 마음을 토닥이며 이렇게 생각해 봐.

혹시 다른 무슨 일이 있었나? 다른 사정이 있었을까?

너무 급하게 결론 짓기보다는 차분히 상황과 마음을 살피다 보면 의기소침함은 어느새 녹아내릴 거야.

의기소침하다

6 감정 해소하기

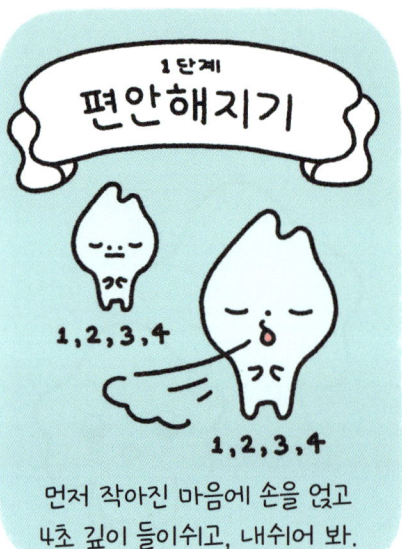

1단계 편안해지기

먼저 작아진 마음에 손을 얹고 4초 깊이 들이쉬고, 내쉬어 봐.

그리고 가슴에 손을 얹고 이렇게 말해 줘.

많이 실망했지? 속상했지? 괜찮아~!

눈물이 나면 잠시 울어도 괜찮아.

2단계 감정 이해하기

그리고 한껏 작아진 마음과 충분히 이야기를 나눠 보자.

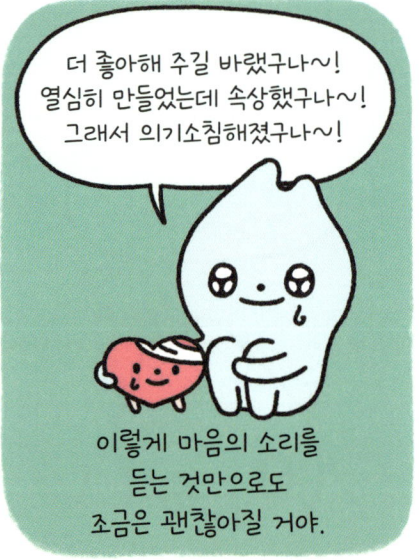

더 좋아해 주길 바랬구나~!
열심히 만들었는데 속상했구나~!
그래서 의기소침해졌구나~!

이렇게 마음의 소리를 듣는 것만으로도 조금은 괜찮아질 거야.

마음 챙김 활동법 _{더 복잡한 감정들 편}

1 미안한 마음에는 어떤 감정이 숨어 있을까? 나의 감정에 V표시해 보고, 얼굴을 색으로 표현해 보자.

○ 속상함 ○ 당황함 ○ 슬픔 ○ 죄책감

○ 후회 ○ 두려움 ○ 불안 ○ 부담감

💡 미안한 마음에는 여러 감정이 뒤섞여 있어. 내 감정을 더 잘 알아보자.

2 미안한 감정을 전할 사람의 이름을 적고, 다리를 따라 그리면서 내 마음을 전해 보자.

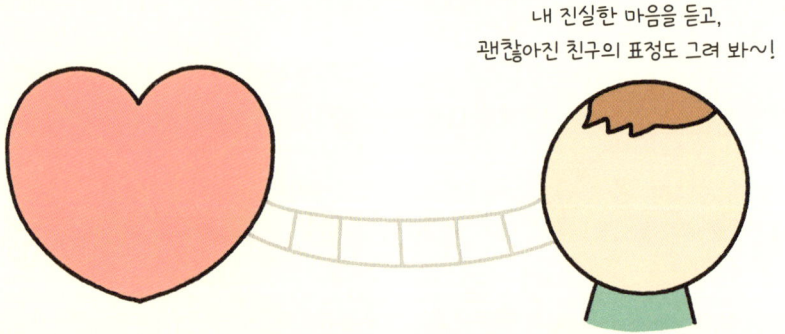

내 진실한 마음을 듣고, 괜찮아진 친구의 표정도 그려 봐~!

💡 미안한 감정을 전하는 연습을 해 보고, 용기 내어 내 마음을 전해 보자.

모든 감정은 소중해!

③ 답답할 때 내 몸의 반응은 어땠는지, 또 이유는 무엇이었는지 생각하며 ○ 표시해 보자.

답답할 때 내 몸과 마음은…?

안절부절못함   눈물이 남   화가 남   갑갑함

답답했던 이유는…?

내 마음을 이해하지 못해서   원하는 대로 되지 않아서   속마음을 알 수 없어서   대화가 안 통해서

💡 답답했던 감정을 풀어내고, 답답했던 이유를 이해하는 과정이야~!

④ 의기소침해져 있는 나에게 어떤 응원의 말을 해 줄 수 있을까?

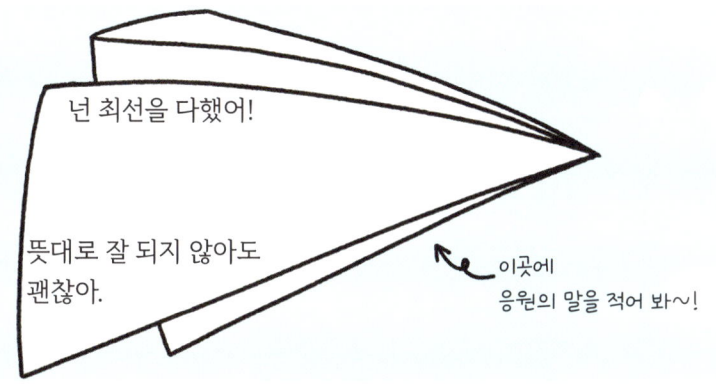

넌 최선을 다했어!

뜻대로 잘 되지 않아도 괜찮아.

이곳에 응원의 말을 적어 봐~!

💡 종이비행기를 날리며 의기소침한 감정도 함께 날려 보내 보자.

감정 캘린더

오늘 느껴지는 기분의 스티커를 붙여 봐!
기분을 알아차리는 순간, 감정을 더 잘 다룰 수 있을 거야.
한 달이 지나고 나면
내 기분을 한눈에 볼 수 있어.

마음 챙김 감정 카드

어디든 들고 다니면서
지금 느껴지는 감정을 뽑고, 뒤집어 봐!
마음 챙김법을 따라 하며
감정을 건강하게 소화해 보자.

월

- 오늘 느껴지는 기분의 스티커를 붙여 봐.
- 기분을 알아차리는 순간, 감정을 더 잘 다룰 수 있을 거야.
- 한 달이 지나고 나면 내 기분을 한눈에 볼 수 있어.

	월	화	수	목	금	토	일
1주							
2주							
3주							
4주							
5주							

1. 이번 달에 감사했던 일 3가지를 적어 보자.

2. 이번 달에 가장 많이 느낀 감정과 그 이유를 적어 보자.

오늘 느껴지는 기분의 스티커를 붙여 봐!
기분을 알아차리는 순간,
감정을 더 잘 다룰 수 있을 거야.

한 달이 지나고 나면
내 기분을 한눈에 볼 수 있어.

◯ **월**

- 오늘 느껴지는 기분의 스티커를 붙여 봐.
- 기분을 알아차리는 순간, 감정을 더 잘 다룰 수 있을 거야.
- 한 달이 지나고 나면 내 기분을 한눈에 볼 수 있어.

	월	화	수	목	금	토	일
1주	◯	◯	◯	◯	◯	◯	◯
2주	◯	◯	◯	◯	◯	◯	◯
3주	◯	◯	◯	◯	◯	◯	◯
4주	◯	◯	◯	◯	◯	◯	◯
5주	◯	◯	◯	◯	◯	◯	◯

1. 이번 달에 감사했던 일 3가지를 적어 보자.

2. 이번 달에 가장 많이 느낀 감정과 그 이유를 적어 보자.

오늘 느껴지는 기분의 스티커를 붙여 봐!
기분을 알아차리는 순간,
감정을 더 잘 다룰 수 있을 거야.

한 달이 지나고 나면
내 기분을 한눈에 볼 수 있어.

월

- 오늘 느껴지는 기분의 스티커를 붙여 봐.
- 기분을 알아차리는 순간, 감정을 더 잘 다룰 수 있을 거야.
- 한 달이 지나고 나면 내 기분을 한눈에 볼 수 있어.

	월	화	수	목	금	토	일
1주							
2주							
3주							
4주							
5주							

1. 이번 달에 감사했던 일 3가지를 적어 보자.

2. 이번 달에 가장 많이 느낀 감정과 그 이유를 적어 보자.

오늘 느껴지는 기분의 스티커를 붙여 봐!
기분을 알아차리는 순간,
감정을 더 잘 다룰 수 있을 거야.

한 달이 지나고 나면
내 기분을 한눈에 볼 수 있어.

월

- 오늘 느껴지는 기분의 스티커를 붙여 봐.
- 기분을 알아차리는 순간, 감정을 더 잘 다룰 수 있을 거야.
- 한 달이 지나고 나면 내 기분을 한눈에 볼 수 있어.

월	화	수	목	금	토	일

1주

2주

3주

4주

5주

1. 이번 달에 감사했던 일 3가지를 적어 보자.

2. 이번 달에 가장 많이 느낀 감정과 그 이유를 적어 보자.

오늘 느껴지는 기분의 스티커를 붙여 봐!
기분을 알아차리는 순간,
감정을 더 잘 다룰 수 있을 거야.

한 달이 지나고 나면
내 기분을 한눈에 볼 수 있어.

월

- 오늘 느껴지는 기분의 스티커를 붙여 봐.
- 기분을 알아차리는 순간, 감정을 더 잘 다룰 수 있을 거야.
- 한 달이 지나고 나면 내 기분을 한눈에 볼 수 있어.

	월	화	수	목	금	토	일
1주							
2주							
3주							
4주							
5주							

1. 이번 달에 감사했던 일 3가지를 적어 보자.

2. 이번 달에 가장 많이 느낀 감정과 그 이유를 적어 보자.

오늘 느껴지는 기분의 스티커를 붙여 봐!
기분을 알아차리는 순간,
감정을 더 잘 다룰 수 있을 거야.

한 달이 지나고 나면
내 기분을 한눈에 볼 수 있어.

월

- 오늘 느껴지는 기분의 스티커를 붙여 봐.
- 기분을 알아차리는 순간, 감정을 더 잘 다룰 수 있을 거야.
- 한 달이 지나고 나면 내 기분을 한눈에 볼 수 있어.

	월	화	수	목	금	토	일
1주	○	○	○	○	○	○	○
2주	○	○	○	○	○	○	○
3주	○	○	○	○	○	○	○
4주	○	○	○	○	○	○	○
5주	○	○	○	○	○	○	○

1. 이번 달에 감사했던 일 3가지를 적어 보자.

2. 이번 달에 가장 많이 느낀 감정과 그 이유를 적어 보자.

오늘 느껴지는 기분의 스티커를 붙여 봐!
기분을 알아차리는 순간,
감정을 더 잘 다룰 수 있을 거야.

한 달이 지나고 나면
내 기분을 한눈에 볼 수 있어.

월

- 오늘 느껴지는 기분의 스티커를 붙여 봐.
- 기분을 알아차리는 순간, 감정을 더 잘 다룰 수 있을 거야.
- 한 달이 지나고 나면 내 기분을 한눈에 볼 수 있어.

	월	화	수	목	금	토	일
1주							
2주							
3주							
4주							
5주							

1. 이번 달에 감사했던 일 3가지를 적어 보자.

2. 이번 달에 가장 많이 느낀 감정과 그 이유를 적어 보자.

오늘 느껴지는 기분의 스티커를 붙여 봐!
기분을 알아차리는 순간,
감정을 더 잘 다룰 수 있을 거야.

한 달이 지나고 나면
내 기분을 한눈에 볼 수 있어.

월

- 오늘 느껴지는 기분의 스티커를 붙여 봐.
- 기분을 알아차리는 순간, 감정을 더 잘 다룰 수 있을 거야.
- 한 달이 지나고 나면 내 기분을 한눈에 볼 수 있어.

월	화	수	목	금	토	일

1주

2주

3주

4주

5주

1. 이번 달에 감사했던 일 3가지를 적어 보자.

2. 이번 달에 가장 많이 느낀 감정과 그 이유를 적어 보자.

오늘 느껴지는 기분의 스티커를 붙여 봐!
기분을 알아차리는 순간,
감정을 더 잘 다룰 수 있을 거야.

한 달이 지나고 나면
내 기분을 한눈에 볼 수 있어.

월

- 오늘 느껴지는 기분의 스티커를 붙여 봐.
- 기분을 알아차리는 순간, 감정을 더 잘 다룰 수 있을 거야.
- 한 달이 지나고 나면 내 기분을 한눈에 볼 수 있어.

	월	화	수	목	금	토	일
1주							
2주							
3주							
4주							
5주							

1. 이번 달에 감사했던 일 3가지를 적어 보자.

2. 이번 달에 가장 많이 느낀 감정과 그 이유를 적어 보자.

오늘 느껴지는 기분의 스티커를 붙여 봐!
기분을 알아차리는 순간,
감정을 더 잘 다룰 수 있을 거야.

한 달이 지나고 나면
내 기분을 한눈에 볼 수 있어.

월

- 오늘 느껴지는 기분의 스티커를 붙여 봐.
- 기분을 알아차리는 순간, 감정을 더 잘 다룰 수 있을 거야.
- 한 달이 지나고 나면 내 기분을 한눈에 볼 수 있어.

	월	화	수	목	금	토	일
1주							
2주							
3주							
4주							
5주							

1. 이번 달에 감사했던 일 3가지를 적어 보자.

2. 이번 달에 가장 많이 느낀 감정과 그 이유를 적어 보자.

오늘 느껴지는 기분의 스티커를 붙여 봐!
기분을 알아차리는 순간,
감정을 더 잘 다룰 수 있을 거야.

한 달이 지나고 나면
내 기분을 한눈에 볼 수 있어.

◯ 월

- 오늘 느껴지는 기분의 스티커를 붙여 봐.
- 기분을 알아차리는 순간, 감정을 더 잘 다룰 수 있을 거야.
- 한 달이 지나고 나면 내 기분을 한눈에 볼 수 있어.

	월	화	수	목	금	토	일
1주	○	○	○	○	○	○	○
2주	○	○	○	○	○	○	○
3주	○	○	○	○	○	○	○
4주	○	○	○	○	○	○	○
5주	○	○	○	○	○	○	○

1. 이번 달에 감사했던 일 3가지를 적어 보자.

2. 이번 달에 가장 많이 느낀 감정과 그 이유를 적어 보자.

오늘 느껴지는 기분의 스티커를 붙여 봐!
기분을 알아차리는 순간,
감정을 더 잘 다룰 수 있을 거야.

한 달이 지나고 나면
내 기분을 한눈에 볼 수 있어.

월

- 오늘 느껴지는 기분의 스티커를 붙여 봐.
- 기분을 알아차리는 순간, 감정을 더 잘 다룰 수 있을 거야.
- 한 달이 지나고 나면 내 기분을 한눈에 볼 수 있어.

월	화	수	목	금	토	일

1주

2주

3주

4주

5주

1. 이번 달에 감사했던 일 3가지를 적어 보자.

2. 이번 달에 가장 많이 느낀 감정과 그 이유를 적어 보자.

오늘 느껴지는 기분의 스티커를 붙여 봐!
기분을 알아차리는 순간,
감정을 더 잘 다룰 수 있을 거야.

한 달이 지나고 나면
내 기분을 한눈에 볼 수 있어.

불안하다
마음이 걱정스럽고
술렁이며 편치 않을 때

두렵다
무언가를 겁내어
몸과 마음이 떨릴 때

긴장하다
상황이 편하지 않아
초조해하며
바짝 경계할 때

걱정되다
잘못될까 불안하여
속이 탈 때

섬뜩하다
소름이 끼치도록
무서울 때

설레다
마음이 들뜨고
가슴이 두근거릴 때

후련하다
답답했던 것이 풀려
마음이 시원할 때

뿌듯하다
바라던 대로 되어서
기쁘고 만족스러울 때

통쾌하다
뜻대로 되어서
시원하고 상쾌할 때

긴장될 때는
손목에 검지를 얹고
심장이 진정될 때까지
4초 들이쉬고, 내쉬어 봐.

두려울 때는
손가락 하나에
들숨과 날숨을 쉬면서
5번 호흡해 보자.

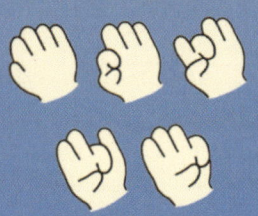

불안할 때는
4초 들이쉬고,
7초 멈추고,
8초 내쉬어 보자.

설렐 때는
설렘을 느끼면서
감사했던 상황 3가지를
떠올려 보자.

섬뜩할 때는
벽이나 의자에
등을 잠시 기대고
4초 들이쉬고, 내쉬어 봐.

걱정될 때는
걱정되는 모든 걸
종이에 적은 뒤
구겨서 버려 보자.

통쾌할 때는
'승리 포즈'를 취하며
통쾌함을 온몸으로
느껴 보자.

뿌듯할 때는
뿌듯함을 돌아보며
나를 칭찬해 주는
일기를 써 보자.

후련할 때는
좋아하는 음악에
팔과 다리를 신나게
흔들어 보자.

행복하다
충분히 만족해서
마음이 기쁘고 흐뭇할 때

서운하다
아쉽고 섭섭하여
입이 삐죽일 때

우울하다
기운이 없고
몸과 마음이 축 처질 때

외롭다
의지할 데가 없어
혼자서 쓸쓸할 때

허전하다
있어야 할 것이 없어서
공허하고 쓸쓸할 때

실망하다
바라던 대로 되지 않아서
마음이 속상할 때

억울하다
상황이 불공평해서
답답하고 분할 때

심술이 나다
상황이 마음 같지 않아
투정 부리고 싶을 때

짜증 나다
마음에 들지 않아서
신경질이 날 때

우울할 때는
좋아하는 간식이나 음식을 먹으면서 기분을 전환해 보자.

서운할 때는
꽉 쥔 주먹에 서운함을 모았다가 주먹을 펴면서 "서운함을 내려놓을래."라고 말해 보자.

행복할 때는
가볍게 점프하면서 행복 에너지를 온몸으로 느껴 보자.

실망할 때는
움츠러든 가슴을 활짝 편 채로 5초 동안 머물러 보자.

허전할 때는
손바닥을 비벼서 따뜻하게 만든 다음 가슴에 대 보자.

외로울 때는
눈을 감고 행복했던 순간을 떠올리며 감정을 되살려 보자.

짜증 날 때는
몸을 '나무'라고 상상하고 짜증이라는 '이파리'를 탈탈 털어내 보자.

심술이 날 때는
바닥을 쿵쿵 구르며 심술을 몸 밖으로 내보내 보자.

억울할 때는
'억울함 안경'을 벗고, 상대방의 입장을 너그러이 이해해 보자.

밉다
누군가 거슬리고
보기 싫을 때

질투하다
남이 좋아 보이는 것을
부러워하며 샘을 낼 때

감동하다
따뜻한 행동이나 상황에
눈물이 날 만큼
가슴이 뭉클할 때

당황하다
예상치 못한 일로
심장이 두근거리고
어찌할 바를 모를 때

멍하다
머릿속이 하얗고
아무 생각도 안 날 때

머쓱하다
예상과 다르거나
실수를 해서 살짝 부끄럽고
민망할 때

신기하다
새로운 것을 보고
놀랍고 흥미로울 때

얄밉다
상대의 장난에 약이 오르거나
내 것을 빼앗겼다고 느껴져서
밉고 화가 날 때

거북하다
상황이나 관계가
어색하고 불편할 때

감동했을 때는
감동한 사람에게 감사의 편지를 써 보내자.

질투할 때는
비누로 손을 깨끗이 씻어 내면서 질투하는 마음도 씻어 보내자.

미울 때는
미운 마음을 종이에 적은 뒤 북북 찢어 보자.

머쓱할 때는
머쓱해진 양 볼을 부드럽게 쓰다듬으며 마사지해 보자.

멍할 때는
손가락 끝을 마사지하면서 몸과 마음을 깨워 보자.

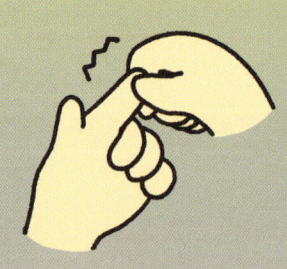

당황할 때는
발바닥을 느끼면서 4초 들이쉬고, 7초 멈추고, 8초 내쉬어 보자.

거북할 때는
예의를 지키면서 상대에게 거북한 마음을 차분하게 말해 보자.

얄미울 때는
미래에 현명한 내 모습을 떠올리며 얄미운 사람을 너그럽게 이해해 보자.

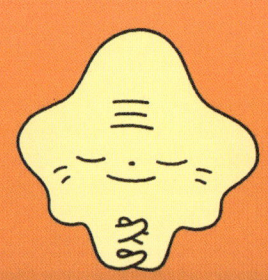

신기할 때는
깊이 숨을 쉬면서 신기한 장면을 천천히, 하나하나 자세히 뜯어 보자.

찝찝하다
마음 어딘가 걸려서
개운하지 않고 신경 쓰일 때

어색하다
분위기가 이상하고
말을 꺼내기 어려울 때

역겹다
더러운 것, 싫은 것
또는 기분 나쁜 것을 보거나,
먹거나, 만졌을 때

미안하다
내가 잘못했거나 실수해서
마음이 불편할 때

답답하다
내 뜻대로 풀리지 않아서
마음이 꽉 막힌 듯한
느낌이 들 때

의기소침하다
자신감이 없고 기운이 빠져
마음이 작아지고
어깨가 축 처질 때
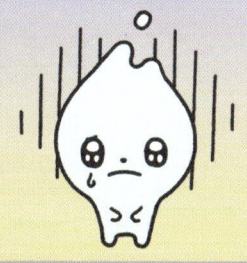

부끄럽다
실수하거나 쳐다봐서
얼굴이 화끈거릴 때

애매하다
확실하지 않아서
마음이 갈팡질팡할 때

막막하다
어떻게 해야 할지 몰라서
답답하고 걱정될 때

역겹다고 느낄 때는
차가운 물로 얼굴을 씻고
코로 숨을 들이쉬며
기분을 전환해 보자.

어색할 때는
양손을 주무르면서
몸과 마음의 긴장을
먼저 풀어 보자.

찝찝할 때는
창문을 열고
상쾌한 공기를 맞으며
깊이 숨을 쉬어 보자.

의기소침해졌을 때는
의기소침해진 나에게
응원과 사랑의 편지를
보내 보자.

답답할 때는
기지개를 시원하게 켜고
답답한 마음에 대해
주변에 조언을 구해 보자.

미안할 때는
상황을 돌아보면서
진심을 담은 편지를
전해 보자.

막막할 때는
지금 내 생각과 감정을
종이에 그대로 적어 보면서
해결책을 찾아 보자.

애매한 상황일 때는
동전을 던져 보고
그 결과에 대한
내 감정을 살펴보자.

부끄러울 때는
내 어깨를 끌어안으면서
누구나 부끄러울 수 있다고
말해 주자.